DANIEL KAY

VIES HÉROÏQUES

PORTRAITS, SENTENCES ET ANECDOTES

nrf

GALLIMARD

À la mémoire de mon oncle Pierre

Une vie ne vaut rien mais rien ne vaut une vie.

ANDRÉ MALRAUX

La médecine ne fera jamais que prolonger l'homme. La littérature peut, elle, l'éterniser.

JEAN-RENÉ HUGUENIN

AVANT-PROPOS

Toute vie est, ou devrait être, héroïque. Bien entendu il y a l'héroïsme hors classe, *celui du saint qui interpelle le ciel et celui du résistant qui refuse de parler sous la torture, bien sûr. Mais il existe également à côté de l'héroïsme grandiose, l'héroïsme minimaliste, cet éternel combat contre le quotidien, corps-à-corps avec ce gouffre dans lequel se débattent femmes et hommes depuis leur naissance.*

Héroïque qui se lève le lundi matin pour se rendre à un travail qui l'ennuie, héroïque l'artiste sans inspiration, héroïque qui aime sans être aimé en retour, héroïque Dom Juan devant le Commandeur, héroïque Elvire devant son chagrin, mais également héroïque Sganarelle. Vivre est un métier, nous rappelle Pavese, un métier difficile et qui peut vite fatiguer.

Ce petit livre n'a pas la prétention d'embrasser la totalité de la comédie humaine. Ce n'est qu'une suite de courtes scènes variées, un théâtre de poche.

I

Héraclite

Il disait le monde gouverné par deux postulations contradictoires, l'arc et la lyre. Il prétendait également que toujours s'écoule le même fleuve, à la fois unique et différent. Il se promenait devant les temples. Il marchait longuement le long des rivages. De sa vie on ne sait presque rien. J'aurais voulu connaître son visage oriental et ses mains de détrousseur d'aubes. Cet homme a vécu il y a très longtemps mais la foudre continue à faire des hommes d'insatiables braconniers de l'Être.

Dalida

À Montmartre, cette ancienne reine d'Égypte descendait les volées de marches en fredonnant des chansons napolitaines. Elle les descendait avec cette gaieté particulière, cette joie de vivre un peu grave, comme si elle eût souhaité remettre encore à plus tard ce moment où l'on aborde l'autre rive, ce côté où, sans peignes ni bijoux, règne la mort.

Empédocle (Un allié)

Le soleil commençait à décliner à l'horizon. À peine pouvait-on entendre le lointain bouillonnement de la lave. Il déposa méticuleusement ses sandales sur le plongeoir de cendre tiède. Il pensa une dernière fois aux quatre éléments, l'eau, la terre, le feu, l'éther. Il revit un instant les yeux clairs de ce jeune garçon aperçu un jour de marché dans les faubourgs d'Agrigente. On ne sait par quels détours de la mémoire il se rappela la chair pulpeuse des oranges qui parfume les lèvres dans l'air du soir. Sa décision était prise. À cet instant l'Un pourrait rejoindre le Multiple.

À Montaigne

Si tout n'est que jardins, avenues, bibliothèques, cours et arrière-cours, si notre vie, Montaigne, n'est que *passage*, passage de l'autre au même, alors dis-moi comment inscrire dans le marbre friable des jours ces antiques sentences que tu gravais sur les planches de ton navire de haute mer ?

Pilate ou l'amour de la peinture (inspiré librement de Caillois)

Pilate rentre chez lui fourbu, l'esprit et le corps fatigués par des responsabilités trop lourdes. La décision qu'il doit prendre est un fardeau qui le dépasse. Procula, son épouse, l'embête avec un rêve étrange et absurde. Il doit consulter. Aussi fait-il venir Ménénius, le préfet du prétoire, et décide-t-il de rendre visite au clairvoyant Mardouk dans sa villa. Que doit-il faire du Nazaréen ?

Le soir tombe. Soudain, par on ne sait quelle magie, il voit défiler comme dans une hallucination tout à fait inattendue une série d'images singulières. En quelques secondes il voit passer en une longue procession toute l'histoire de la peinture occidentale, Giotto, Raphaël, Delacroix, Rouault, Manessier et tant d'autres. Il voit des pietá, des présentations au temple, des résurrections, des vierges à l'enfant. Après un étourdissement il en est bien sûr, sa décision est prise et est irrévocable.

Le père Gaston

Le père Gaston souffrait d'une légère boiterie. Ainsi lorsqu'il s'était laissé aller à la beuverie, sa claudication associée aux effets de l'alcool en faisait un danseur mondain, une sorte de grand cow-boy dégingandé un peu fragile. J'avais de l'affection pour cet homme qui, presque tous les soirs, remontait l'allée derrière le jardin de mes parents avec son allure d'albatros blessé. Il était gentil et apprécié de tous. Bien sûr il recevait régulièrement une avoinée administrée par sa femme Guiguitte mais, on le savait, elle le tançait avec aménité. Et cela ne changeait rien à son ivrognerie. Il était bon et ne se fâchait pas quand les enfants du village l'appelaient *Twist again.*

Emil Cioran

Il déambulait, rive gauche, de Saint-Germain à Odéon, l'idée du suicide en bandoulière. Il eût souhaité parmi les passants reconnaître des saints mais ne rencontrait que des hagiographes.

Un juste

Depuis les siècles des siècles c'est moi qui aide. C'est moi qui donne votre obole au passeur. C'est moi qui guide les humains dans le labyrinthe en leur tenant la main. C'est encore moi qui apporte au cœur de la nuit constellée des vastes océans son compas et son sextant au capitaine. Quand les soldats de Tibère m'ont demandé de me charger de la lourde poutre de chêne je ne pouvais qu'accepter.

Un poète injustement oublié *ou* L'éternel retour

Encore une fois, comme il y a si longtemps à Gênes, il entendra cette diva dans le rôle de Carmen. Il reverra la chambre de son ami chez le menuisier Zimmer et la tour qui donne sur le Neckar. Encore une fois il assistera à la mort du gaucho, assassiné par son filleul. Il verra de nouveau les profanateurs de l'abbaye renverser les ciboires et déchirer les chasubles. Et les théologiens contempteurs des miroirs. Et les grands séditieux appliqués à leurs conjurations.

Longtemps il ira boire à la source de ce fleuve qui coule et ne coule pas.

Borges

Séances de lecture

Le soir dans le salon du petit appartement de Buenos Aires, calmement assis sur un canapé entre l'Annonciation peinte par sa sœur Norah et une gravure montrant les ruines circulaires de Piranèse, il écoutait avec une grande attention, les yeux tournés vers un point immobile et mystérieux, la voix des jeunes gens qui venaient chacun leur tour lui faire la lecture. Il soulignait d'un sourire légèrement retenu les modulations de la juvénile scansion, l'imperturbable marche des guerriers et des hexamètres. C'est comme s'il eût voulu graver les mots retenus par-delà la nuit dans un nouveau volume de l'Histoire du Temps, les écrire une fois encore avec ce crayon découpé dans une obscurité élégiaque et studieuse.

Ides de Mars

Quand le poignard de Brutus, sordide devant l'Éternité, pénétra ses flancs, l'empereur chancela. Il eut le temps de prononcer ces mots en grec : « Toi aussi, mon fils. » Brutus venait de tremper sa lame fatale par dépit dans le bleu du ciel. Le sang pourrait commencer à sourdre de la toge tricotée par les Parques.

Avant de mourir, César eut le temps de revoir le corps de l'Égyptienne, ses yeux, ses hanches, ses seins et son nez qui impressionna tant Blaise Pascal.

Un poète national

On rapporte que de retour de son exil helvétique qui lui laissa une dizaine d'années pour composer plus de cent pamphlets contre la dictature, le 29 avril 1974 à partir de midi, Nuno de Almeida, l'un des plus farouches opposants au régime de Salazar, lut d'une seule traite, devant une foule de Lisboètes en liesse, le regard fier et l'œillet à la boutonnière, la totalité des neuf cent quatre-vingt-dix-neuf vers assonancés écrits dans sa jeunesse à la gloire d'Henri le Navigateur, père avec Camoens, de l'âme portugaise.

Malheureusement l'unique captation qui aurait pu être exploitée de cet événement hors du commun a été détruite lors du terrible incendie des archives de la télévision nationale portugaise.

Maria de Magdala

La fille aux cheveux dénoués et aux seins lourds, c'est elle qui disait : « Je ne suis plus la putain, la salope. Je n'ai plus besoin du cilice du crâne et du sablier. » Elle disait également : « Je veux juste voir tes yeux, beau jardinier aux doigts gourds, seulement caresser ton visage » ou encore : « Accorde-moi une dernière danse, mon amour, un ultime tango pour dissiper des tonnes de nuages. »

Simone Weil

À la sortie de l'usine, la petite sainte-philosophe, en tenue de combat, rencontre la grande Thérèse d'Avila en conversation avec le général de Gaulle.

« Les saints, les presque saints sont plus que les autres exposés au diable », leur confie-t-elle.

L'âme des ouvriers, elle aussi, expérimente des contradictions sublimes.

Gastronomie

On dit que Denis Diderot est mort après avoir mangé de la compote de cerises, lui qui a dégusté tant de beaux fruits chez Jean Siméon Chardin.

Un hérésiarque

Il était fils de ces grandes familles de l'Empire, une famille dont la mémoire des hauts faits et des actes d'allégeance ne pouvait que consolider l'estime du Prince. Son père, ami de l'évêque, avait par ses libéralités autrefois aidé à conforter le pouvoir et le faste de l'Église.

Le jeune homme avait un esprit fantasque, souvent insolent, mais il savait que le prestige de sa maison ainsi que la bienveillance naturelle à l'égard des excès de la jeunesse couvriraient jusqu'à un certain point ses désordres.

Il nourrissait une passion étrange : en effet, il collectionnait les hérésies comme d'autres eussent collectionné des minéraux ou des instruments d'optique.

Il soutenait que l'arianisme apportait une idée de dissymétrie bienvenue au triangle trop parfait de la Trinité, tel un agrément esthétique, en quelque sorte.

Son insolence semblait ne pas avoir de bornes.

Un jour, dans une taverne, en compagnie de filles et de mauvais garçons, il osa affirmer que l'érection de la croix et l'érection du membre étaient, d'une certaine manière, du même ordre.

Il avait usé la patience de l'évêque. Malgré de nombreux

recours, la sentence du Très Saint Tribunal tomba : son torse fut ébouillanté et ses parties marquées au fer rouge.

On ne le revit plus dans l'Empire. Il finit sa vie, d'après certains témoignages, dans une grotte, quelque part en Orient, accompagné d'une courtisane qui savait le gâter quand il était mélancolique. Il eut le temps d'abjurer sa foi dans les hérésies et de rédiger quelques sévères traités de métaphysique et de morale.

Le jeune Sergei, apprenti peintre d'icônes

Il reste seul dans l'atelier. Sur l'iconostase, il place avec dévotion Marie entre saint Jean et saint Cyrille. Tout à l'heure, il prendra un bain dans la neige. Il sait que sa voix va muer. Un léger duvet recouvrira bientôt ses joues. Les genoux sur les graviers, il recevra l'onction terrible et s'endormira, fourbu, parmi les déchets et les bêtes, le crâne magnifié par l'or d'étranges astéries.

American Dream

Loin de la baie de Naples et de Capri, sur l'île des Monts déserts, dans le Maine, plus précisément à Petite Plaisance, pendant que Mme Grace Frick fait la sieste sur la pelouse, des bataillons d'armées grecs et romains échangent avec fracas des distiques, des épigrammes et des boucliers. Mme Frick ne semble pas gênée. Elle écrit sur un cahier de beaux cours de littérature et écoute le bruit à la fois puissant et quelque peu retenu du carnage, cette rumeur qui émane de la petite maison pour bientôt se dissoudre plus loin sur la côte, dans le désordre des vagues.

Deux compagnons

« Les anges ne sont-ils pas autant des géomètres que des messagers, des maîtres dans l'azur de l'équerre et du compas ? » Ainsi s'interroge le frère dominicain dans les allées du déambulatoire du couvent de San Marco, lors de sa promenade quotidienne.

Deux siècles plus tard, à Leipzig, le cantor, qui ne connaît que très peu de choses de la vie du religieux, se pose la même question.

Glenn Gould

Quand s'élèvent les premières notes du prélude, bien sûr le pianiste marmonne, bien sûr la chaise grince. C'est vrai qu'il est difficile d'élever les lourds échafaudages dans la prairie. Néanmoins la leçon de grammaire aura bien lieu, simple mais implacable dans le bleu.

Jorge Luis Borges

L'art de la lecture

La main sur laquelle le temps a déposé son gant de crin rêche découpe encore quelques mots dans l'obscurité. C'est elle qui caresse encore avec la ferveur de la jeunesse les pages de l'*Odyssée.* Cela fait plus de cent fois que les figures de l'ingénieux marin et de ses compagnons s'animent et prennent vie. La lecture se poursuit tard dans la nuit. Encore un hexamètre, de nouveau une périphrase et la main qui suit avec difficulté l'ordre des lettres tremble de joie, de cette joie pure qui disperse l'huile des lampes et renverse les sabliers.

Véronique

Comment dites-vous, je ne comprends pas. J'ignore ce que vous appelez une *chambre noire* ou un *obturateur*, et ce mot tout aussi étrange, *photographie*... j'ai seulement voulu rafraîchir le front de cet homme que le hasard — était-ce vraiment un hasard ? — plaça sur mon chemin, un jour, en Palestine.

Moshe Brand dit Mike Brant

Sibylle inversée, il n'y avait que toi qui ne comprenais pas ce que tu chantais. Toi l'Orphée à la fois obscur et lumineux, gueule d'ange arrachée aux camps de réfugiés, est-ce en écoutant une dernière fois Aretha Franklin, ce 25 avril, que tu pris, ô orphelin, la décision de franchir cette fenêtre ouverte sur le néant? Qui jamais, oui, qui jamais un jour le saura?

Hölderlin

Une cloche tinte dans la montagne. Il est temps d'ériger la sépulture. Et toi, dans l'encadrement de la fenêtre, tu regardes le vieux film des nuages eux aussi déjà anciens, et tu te demandes quand reviendra le temps des fleuves gigantesques, ceux qui grondaient quand tu te promenais seul, le soir, sur les quais, à Bordeaux.

Moines comédiens

ABBAYE SANT'ANDREA,
RÉGION DE SIENNE

Quand le père abbé n'est pas là, vous vous prenez pour des acteurs. Vous aimez vous grimer et prendre des poses car vous savez que le nombre des caméras qui vous surplombent est proche de l'infini. Vous aimez surtout rejouer la scène du dernier repas quand celui qui va trahir vous a quittés et que de la corde qui lui enserre déjà le cou il se fait un fouet qui déchire vos paupières.

Chez Rimbaud, l'Ardennais

C'est la fête à Charlestown. Dans le square où tout est correct, les bourgeois poussifs, cachés derrière leurs breloques à chiffres, s'entraînent à tirer à vue. Pour l'occasion, la place Ducale a mis ses perles de dame patronnesse. Les piétons, quant à eux, ont abandonné leur panoplie d'Indien et affichent tous leur masque de Rimbaud.

Mais ils ne trompent que leur ennui long comme les fleuves impassibles les dimanches déchus sous l'averse des confettis. Alors quand s'arrête la fanfare odieuse les nuages reprennent leur course fantasque sur l'Ardenne plusieurs fois millénaire.

De Han, peintre

XVIIe SIÈCLE, PROVINCE DE YUNNAN

Il prenait dans un même geste son bâton d'encre et son bâton de pèlerin. Il peignait la montagne, les pins et le nuage sur la montagne. L'ermitage n'était alors qu'un point immobile dans le blanc.

Il ne priait pas, il laissait seulement parler le grand silence du blanc plus lisse que le givre sur le toit du petit temple.

Rimbaud à Harar

Les sandales découpées dans le caoutchouc brûlant des soleils d'Afrique, elles accompagnent des caravanes lentes conduites par des génies bons et doux sous le regard de passants étranges.

Jean à Patmos

Quand le Verbe s'est fait Chair, le monde est devenu éclatant comme ces essaims d'abeilles qui virevoltent dans les jardins d'enfance. Au-dessus des chemins blancs empruntés par les gardiens de chèvres, un ciel uniformément bleu dépouillé de légendes recouvrait l'île d'un unique foulard. Quelques bergers buvaient du vin ou jouaient aux cartes. Un vent léger accrochait aux oliviers des psaumes bariolés.

Jean, accoudé au muret d'une terrasse, respirait la mer étale, des anges déjà plein les poumons.

Sisyphe

Depuis que les dieux l'avaient condamné à pousser son rocher, il s'était adapté. Il avait décidé de jouer le jeu, de se conformer à son rôle.

Le bloc de pierre collé contre sa joue ne l'empêchait pas de contempler la cime des montagnes et la beauté des nuages. Il n'était jamais triste et se rappelait son enfance, quand ne pouvant s'acheter un ballon il shootait dans les cailloux.

Pour s'occuper, il s'amusait à édifier des systèmes, des classements, créant des taxinomies parfaites ainsi que des exceptions et des réfutations. Il s'était donné comme épreuve de distinguer toutes les lois de l'esprit.

L'absurde était le seul concept qui ne l'intéressait pas.

Il était presque heureux.

Dom Juan

À la fin de sa vie Dom Juan composait des comédies édifiantes et des sonnets hermétiques. Mais son grand plaisir était de se lancer dans d'interminables parties d'échecs avec les frères d'Elvire. Chaque jour il faisait préparer un souper pour un certain Commandeur qui ne lui fit jamais l'honneur de se présenter.

Sa dernière pièce, *Le libertin malgré lui*, connut un immense succès dans toute l'Europe et même au-delà, lui apportant la gloire et le scandale. C'est à Venise où il interprétait le rôle-titre qu'il trouva la mort sur scène, victime d'épectase.

Athlètes

Alain Mimoun utilisait le mot *saint* pour parler de son ami Emil Zátopek, toujours très ému et admiratif, des étoiles plein les yeux.

Sur la piste du stade, la fournaise qui brûle les paupières n'infléchit pas le pouls régulier pris au poignet des statues.

Sédévacantistes

pour Jean-Charles Yvon

Dans les salles d'attente, ils méprisent les chaises sur lesquelles trônent, illégitimes, les revues à scandale, ces revues sublimes et ignobles à la couverture rouge et or qui racontent la vie des papes et de leurs maîtresses assiégés par d'indignes paparazzi derrière les colonnades ombreuses du Vatican.

Le tonton Jean

Tonton Jean était un homme affable et généreux mais au caractère secret, voire énigmatique. Invétéré fumeur de gitanes, il allumait parfois trois ou quatre cigarettes qu'il abandonnait dans différents coins de son petit salon. Homme de raison, profondément athée, il me semblait néanmoins quand j'étais enfant qu'il eût ainsi l'intention de pratiquer des rites abscons dignes des mystères d'Éleusis.

Il avait fréquemment des trous de mémoire dus à un lointain accident de jeep sur une flaque de pétrole quelque part en Égypte mais savait encore réciter avec aisance des tirades issues de *Nicomède* ou de *Polyeucte.*

Rivé à son poste de télé — il regardait n'importe quoi —, il donnait l'impression, sans casque et sans écouteurs et par on se sait quel prodige, d'être relié néanmoins aux plus grands concertistes de tous les temps. Fasciné par la petite lucarne, qu'il assistât au tirage du loto ou à l'arrivée d'une course hippique, c'était toujours Mozart ou Brahms qu'il entendait.

Lorsque la nuit tombait sur Paris et que le poste de

télévision s'ensevelissait dans le noir, des milliers de disques de musique symphonique ou d'opéra survolaient la Butte-aux-Cailles et venaient cogner contre les fenêtres.

Un peintre aujourd'hui oublié, Rome, XVI*e* *siècle*

Il donnait des ordres à la cantonade, afin de corriger la bouche grimaçante d'un saint, ajouter un effet dramatique au bond pressenti d'un animal, étirer la circonférence d'une cuirasse. Il clamait : « Les couleurs n'ont que faire de l'intempérance de la ligne » ou encore : « La ligne ne dépend pas du sujet. »

Dans son dernier tableau, un saint Jérôme, il peignit le lion non comme un animal mais comme un prophète.

Alfonso de Almeida

Telle une mécanique inflexible, après son travail de fonctionnaire préposé aux écritures, à dix-sept heures précises il descendait les ruelles escarpées du Bairro Alto avant de rejoindre la place du Commerce et de longer le Tage jusqu'à la tour de Belém puis déambulait jusqu'à dix-neuf heures. Il n'avait pas encore brisé en lui la marionnette. Sa vie était si plate, si morose et insignifiante que cela relevait presque de l'aventure. Contrairement à son cousin, il ne publia aucun livre et ne laissa que deux ou trois phrases griffonnées et presque illisibles au dos de paquets de cigarettes : « Je n'écris pas comme Nuno de Almeida », « Je suis mon propre hétéronyme » ou encore : « L'être est, le non-être n'est pas… pas encore. »

Barabbas

Que reste-t-il de toute cette histoire, sinon les trois croix en cinémascope, le rideau aboli et l'éclair sur les chambres ou encore le vin délicat et la langue entre les cuisses de la femme aux lourds colliers, tout près du coffre à bijoux où l'on range le programme télé quand les mots ne suffisent plus au repentir du criminel et que des insectes rugueux cherchent à s'établir sous la peau ?

Un amateur de fruits

« Ces portraits de souverains enrubannés, enturbannés, emmaillotés, avec leurs têtes de monarques bouffis ceintes de perruques fabriquées au kilo, et ces jambes pleines de varices sous le bas, ces étalages de lourdauds soi-disant en majesté, échassiers trop bien nourris au sexe mou, tout ça ne vaut pas un panier de prunes. » Ainsi s'exprimait Jehan de la Perche — né à Pithiviers et actif à Paris de 1630 à 1660, admirateur de Jacques Linard et de Louise Moillon — en plaçant une dernière touche sur son dessert de fraises, de cerises et de coing.

Cyclistes

Transfiguration

Ils la connaissent, les cyclistes, la douleur dans la montagne et le lit de graviers près du bouquet au vainqueur quand tout s'achève dans une sueur de sang.

Bach l'alpiniste

Sur un vers de Jean-Paul de Dadelsen

Petit enfant, aidé par son père, Bach l'alpiniste s'entraînait à gravir les premières marches de l'échelle de Jacob. Maintenant, c'est tout seul que, sous le regard admiratif des anges, il plante un à un ses piolets sur la paroi chromatique.

Du Bellay

Il ne se prenait pas pour le Prince des poètes. C'est avec une muse plus sage, une fureur plus basse qu'il chanta ses regrets de voyageur parmi les ruines et les singes vêtus de pourpre, chuchotant sous la lune ces présences évanouies qui scintillent encore sous les doigts d'un râteau presque immobile.

Jean Grosjean

Le dieu d'Abraham penche ses grosses mains de travailleur sur les épaules du Fils de l'homme quand il prend son premier bain de mer.

Les méduses et les oursins sont des astres dont la gloire ne s'épuise pas sous l'écume percée par les lances.

Zinédine Zidane

Histoire des météorites

Coup de tête souverain, déflagration causée par un Titan qui lave l'honneur des siens et déclenche des sidérations, loin, si loin de la surface de réparation, là où des travailleurs besogneux dénombrent les étoiles.

Artemisia Gentileschi

Elle contint sa violence. Elle la retint longtemps. Puis à son tour, elle *viola la peinture*, elle la bafoua avec une pureté rarement égalée dans l'histoire de l'art.

Un saint

Ce ne fut pas un grand saint. À peine trouve-t-on son nom dans les annales de l'Église. Certains prétendent qu'il doit sa canonisation à Innocent X. Nul ne sait pourquoi le pape s'est penché sur son cas. On ne sait pas non plus quels miracles auraient pu lui être attribués. Tour à tour membre de la Compagnie des marchands, acteur et directeur de troupe, membre de la guilde de Saint-Luc, il avait occupé un grand nombre d'emplois dans la cité.

Sa vie n'eut rien d'exemplaire. Il aimait la compagnie des prostituées, fréquentait les bouges et ne dédaignait pas la castagne. C'est en tant que peintre qu'il retint l'attention du pontife. Il s'agissait plus particulièrement d'un tableau, une toile immense représentant des anges, des danseuses, des croix, des chasubles emmêlés dans un bien curieux désordre qui provoquait un effet à la fois trouble et fascinant.

L'œuvre acquit rapidement une grande réputation. Aussi, on se pressait pour venir l'admirer ou la maudire. Le pape dépêcha donc un légat à qui il enjoignit de rédiger un rapport sur cet objet de curiosité. À peine les portes de l'atelier ouvertes, celui-ci fut saisi d'un malaise.

On tenta de lui procurer des soins mais il mourut dans la nuit.

Le lendemain l'artiste détruisit son œuvre et décida qu'un jour, s'il était capable de recouvrer le plein usage de sa raison, il recevrait la tonsure.

Un courtisan

Il était le grand spécialiste des hommages, le meilleur de son temps. Il avait ainsi écrit dans un style pindarique l'éloge des grands maîtres de la vénerie et de manière plus sobre celui des dignitaires de la curie. Il aimait louer, dresser des statues, tresser des lauriers, en vers iambiques ou sur un mode jaculatoire.

Il n'avait pas honte et se flattait lui-même de sa veule courtisanerie, considérant qu'il ne s'agissait ni plus ni moins que d'un art de vivre. La rhétorique était sa boîte à outils. Son principal tour de passe-passe était d'allier dans une même image litote et hyperbole.

Ses éloges étaient fort convoités des grands car il ne visait aucune place, aucun emploi particulier. L'exercice de son vice et la reconnaissance qu'il suscitait lui suffisaient. Les princes, les rois, tous les potentats eussent souhaité un jour se trouver sur sa route. Mais sa grande œuvre fut incontestablement son propre éloge funèbre, qu'il rédigea avant de se donner la mort.

II

Judas Iscariote

Il aimait trahir. C'était pour lui une véritable vocation. Déjà sur les bancs de l'école, pour une bille ou une image, il était prêt à dénoncer au maître n'importe lequel de ses camarades. Ainsi il affectionnait les dénonciations, les parjures. Il chérissait les délations, les manquements à la parole donnée. Jeune homme il passait pour le plus grand sycophante que la terre ait connu. Rien que son nom suscitait la terreur chez les bandits corses et les voleurs de figues en Calabre.

Quand il fut accepté par la bande il comprit immédiatement que se présentait la chance de sa vie, l'occasion de réaliser son chef-d'œuvre, une trahison d'un type supérieur que personne ne pourrait lui reprocher car, d'après ce que lui avaient promis les autres, en elle reposait le salut de l'humanité.

Un snob

Il collectionnait les zeugmes et les succès mondains.

Paulus Potter, peintre de bovins

Durant sa vie très brève — il mourut de tuberculose le 17 janvier 1654 à Amsterdam — il peignit une grande quantité d'animaux, surtout des bovins. Le jeune taureau, conservé à La Haye, longtemps une des œuvres les plus admirées de l'histoire de la peinture, montre avec un réalisme outré et presque burlesque les mouches qui se posent sur le cuir de la bête. Fromentin a parlé avec une bienveillance légèrement dédaigneuse de la disproportion ridicule des motifs tout en le félicitant pour ses intentions. Proust lui consacra deux poèmes composés à la suite de visites au Louvre, qu'il reprit dans *Les plaisirs et les jours.*

Aujourd'hui la rue qui mène au Rijksmuseum ne porte pas le nom de Rembrandt mais celui de ce patron absolu dans un certain bon mauvais goût.

Un rêve de Paul Verlaine

Le bonhomme Verlaine avec sa trogne d'ivrogne, la barbe sale bouffée par les vers, hirsute, au fond de l'estaminet devant son énième absinthe, cet homme hagard, à la vie brisée, comme l'ont été d'un coup de canne les bocaux dans lesquels sa mère conservait les fœtus de ses frères mort-nés, il rêve, oui, il rêve de jeunes filles pâles aux poses de statues, vestales timides vêtues de robes diaphanes, aperçues et pour jamais aimées dans ces jardins d'autrefois bercés par la sempiternelle mélopée des grands lys.

Le perroquet de Pascal

Pascal était certainement plus gentil avec son perroquet — bien qu'il pensât lui aussi que cet animal fut une machine — que ne l'a été Malebranche avec son chien. Le bec du psittacidé, constamment essuyé bien que totalement sec, le faisait rire. Plus drôle que la bêtise des jésuites, le perroquet lui apportait un peu de joie de vivre et détournait un temps son esprit de l'idée des fins dernières.

Deux comparses

Histoire immorale

Cet hagiographe rétribué par un monastère n'hésitait pas à inventer de nouveaux saints. Sa méthode était simple : il partait d'une vertu cardinale et bâtissait son récit sous la forme d'un apologue illustré par de nombreuses sentences et anecdotes et relevé par quelque miracle de son invention.

Quelques frères eurent le privilège de lire des extraits de la somme considérable de vies saintes et vertueuses qui devenait de jour en jour plus abondante — notre homme était payé à la ligne — et appréciaient particulièrement quand il s'agissait de vierges et de martyrs.

Un jour l'abbé s'aperçut de sa tromperie mais au lieu de le révoquer il lui demanda d'écrire sa propre vie rehaussée d'exploits et de prodiges, d'épisodes exemplaires et horrifiques.

Une rumeur confirmant l'existence de ce récit édifiant se répandit dans la région et ainsi crût peu à peu le prestige de l'ecclésiastique sans scrupules. L'hagiographe et l'abbé devinrent grands amis. Après complies ils buvaient ensemble force coups de vin, mangeaient gloutonnement et passaient leurs soirées à rire de blagues salaces et des misères du temps.

Blaise Pascal

Pascal avait son gouffre. Quand son ami le chevalier de Méré jouait au tric-trac avec Damien Mitton, il détournait le regard et semblait se pencher vers le silence éternel des étoiles.

Quand sa sœur Gilberte, le dimanche après-midi, lui proposait des tartines et une partie de cartes, il levait les yeux en l'air. Il clamait : « Il faut parier » mais méprisait le jeu.

Un intransigeant

Depuis longtemps il n'avait qu'une idée en tête, peindre le rouge. Non pas *en* rouge ou *avec du* rouge mais *le* rouge, le rouge de la cape du torero, le rouge de la tunique du Christ, le rouge de la crête des coqs, et plus que cela encore. Il avait laissé femme et enfants, ainsi que toute ambition figurative. Loin de son pays, de ses amis, il installa son atelier à New York, puis à Milan. Il déclarait: «J'irai plus loin qu'Érostrate. Le rouge que j'atteindrai aura la puissance suffisante pour brûler des milliers de temples» ou encore: «Les mots rouges comportent souvent peu de syllabes.»

Roger Caillois

Il se souvenait de la pampa déserte, sévère mais majestueuse, du visage de Victoria Ocampo, la belle Argentine, et de Roger Gilbert, son vieil ami.

Les jeux ineptes de Breton ne l'intéressaient plus depuis longtemps.

Il restait fidèle aux pierres.

Si la forme de ce monde est fondamentalement oblique, pensait-il, il faudra suivre les diagonales, au risque d'affronter la dissymétrie. Il disait encore : « On ne peut choisir entre Tchouang-tseu et le papillon. »

Il savait que le bonheur dans la vie d'un homme peut dépendre du choix d'une conjonction.

Angelo dallo Specchio

Lui

Angelo est né à San Miniato et mort, à l'âge de trente-trois ans, à Bologne. Cet artiste avait une particularité, il ne peignait que des autoportraits. Longtemps il perfectionna son art à la chandelle et au miroir dans le grenier solitaire entre ombre et lumière.

Bien entendu, dans sa prime jeunesse, il eut l'occasion à Florence dans l'atelier de son maître de pouvoir retoucher une lance dans une scène de bataille ou achever quelque arbre aperçu d'une loggia. Mais ça, c'était jadis.

L'héritage de son père dont quelques terres en fermage en Lombardie lui avait épargné le souci d'être l'esclave de riches commanditaires, et de fait, si on peut le dire de cette façon, il était devenu son unique patron et modèle. Non pas qu'il fût vaniteux — il ne se trouvait pas particulièrement beau — mais il s'était habitué à ce modèle facile et toujours disponible dont il savait les vices et les qualités. Il avait notamment appris à connaître chaque aspect de son visage, orientant à son gré la lumière sur son front, infléchissant au besoin la rondeur de ses joues, captant telle ou telle expression du regard.

Néanmoins, les années passant, il semblait s'éloigner

peu à peu de lui-même et regardait avec étonnement cet autre à la fois familier et étranger. Il avait trouvé un titre — pour peu que le mot titre eût ici un sens —, le même pour chacun de ses tableaux. Ainsi on pouvait lire, tracée de sa propre main au dos de chaque châssis, l'inscription suivante, laconique et quelque peu énigmatique : *lui.*

Rencontre

Un jour, à Douarnenez sur le port du Rosmeur, vers midi, Georges Poulot dit Georges Perros croisa Fernando Pessoa.

Peut-on imaginer vie plus ordinaire ?

Un lecteur

J'ai lu l'*Iliade* et l'*Odyssée*, le *Livre des morts des anciens égyptiens* et des romans de science-fiction. J'ai emprunté le chemin tracé par les poètes dont j'ai appris des milliers de vers et accompagné les traîtres, glaive en main sur la scène des théâtres. J'ai précédé les analepses déroutantes, comblé les ellipses parfois trompeuses et suivi presque malgré moi les prolepses subtiles.

J'ai vécu en silence et à voix haute.

J'ai conversé avec Hector, Hamlet, Chamfort, le cardinal de Retz et tant d'autres. J'ai au fond de moi leur chant, aussi pur qu'un diamant. Je ne me gêne pas pour leur répondre. Peut-être, en fin de compte, ai-je écrit autant que n'importe quel auteur, qui peut le dire ?

Lycos de Syracuse préférait la compagnie des loups à celle des hommes. Il disait : « Socrate aurait dû se faire dévorer par les loups » ou encore : « Il y a plus d'humanité dans l'œil d'un loup que sous le crâne d'un pur géomètre. »

Un insolent

Il disait : « Je ferai avaler son coq à Esculape. »

Le colonel de Almeida

Il avait regroupé ses répliques, esquisses et aphorismes sous un seul titre: *Seule la bibliothèque ne ment pas.* C'était l'œuvre de sa vie et il n'était pas peu fier. Il fit éditer à compte d'auteur le très léger opuscule qui lui valut un certain succès d'estime.

Mais sa grande fierté était surtout son fils Nuno, en qui il plaçait toutes ses espérances.

Le petit théâtre de Blaise Pascal

Blaise Pascal avait confectionné une petite scène afin d'y accueillir de modestes figures en terre cuite et papier mâché. On pouvait y reconnaître des docteurs de la Sorbonne, le père Barry et même Escobar. Tout cela s'animait sous les doigts du géomètre dans des saynètes de style espagnol.

Ainsi quand la maladie lui accordait quelques instants de répit il s'adonnait parfois à ce divertissement, le seul qu'il s'autorisât.

Le duc de Roannez raconte qu'un jour où il souffrait et après avoir passé de nombreuses heures sur un problème d'arithmétique, contrairement à son tempérament qui n'était que patience et douceur, c'est d'un violent revers de main qu'il renversa le petit théâtre.

Le peintre Jehan de la Perche était parfois l'auteur de réflexions pour le moins énigmatiques. Ainsi dans son journal il affirme que, contrairement aux hollandais, s'il met soigneusement en exergue des pelures de citron déroulées en spirale, ce n'était pas pour exprimer la course inexorable du temps mais pour dresser des portraits sans figures.

Un larron

Il avait tiré quelques bagnoles, volé deux ou trois sacs à main et quelques montres de luxe dans le temple devenu — faisait-il justement remarquer — le repère des marlous et des receleurs. On ne parlait plus depuis bien longtemps de ses pratiques sodomites. Il y avait donc bien peu de choses contre lui, il crut s'en sortir avec quelques coups de fouet et une admonestation. Quand il apprit le verdict, il fut frappé de stupeur et se sentit défaillir devant la sévérité de la décision. Il ne pouvait se douter de la magnanimité immense quoique nullement tangible, la clémence pleine de douceur du choix apparemment si sévère du procurateur, une décision dont le fonctionnaire de l'Empereur — qui n'arrivait pas à en saisir clairement la signification — n'était en fait que l'agent purement mécanique, le serviteur d'un système qui les réunissait dans la grandeur comme dans l'infamie.

Un autre

C'est à peine une ombre dans les soutes de l'Histoire. C'est l'autre qui a tout gagné. Il a su saisir l'occasion, attraper le pompon, trouver la bonne réplique. Était-il vraiment meilleur que lui ? La mécanique qui règle le mouvement des astres n'était pas sa spécialité, c'est certain. D'ailleurs avait-il jamais eu de spécialité ? Sa souffrance lui a-t-elle servi à quelque chose, lui l'anonyme, l'inconsolé qui ne laissera pas même le début d'une sentence ?

Quelques heures avant sa mort, le peintre Jehan de La Perche congédia le prêtre qui devait lui offrir les derniers sacrements et fit quérir un certain Pierre Martin, marchand de fruits et légumes de son état, afin de goûter une dernière fois les belles délices d'une poignée de cerises et d'une conversation.

Histoires du rire

Dans la première moitié du Vᵉ siècle avant J.-C., Zeuxis était reconnu comme un très grand peintre. Dit le « peintre des ombres », il avait acquis un savoir-faire inégalé dans l'art du trompe-l'œil. Son œuvre a aujourd'hui totalement disparu. Mais elle est souvent évoquée et décrite chez les Anciens. Sa réalisation la plus célèbre représente un jeune garçon tenant une grappe de raisin. La grappe était si bien peinte, si proche de la réalité que, d'après la légende, des oiseaux venaient la picorer. On rapporte qu'il mourut de rire, littéralement, en réalisant le portrait d'une vieille femme.

Son contemporain, le philosophe Démocrite est, lui, principalement connu pour son apport majeur à l'atomisme mais également pour sa propension à rire d'un rien. Les hommes lui semblaient aussi peu sages que les enfants et les fous. Il pensait que la vérité, inaccessible à la raison, se cachait au fond d'un puits, et riait, riait seul à gorge déployée de la vanité des passions humaines.

Le dernier autoportrait de Rembrandt, peut-être le plus bouleversant, est connu sous deux titres différents : *L'artiste en Démocrite* et *L'artiste en Zeuxis.* Ainsi le vieux peintre semble nous dire en se gaussant : « Et si l'humanité n'était qu'une farce dont il convient de ne pas être dupe ? »

Luigi Tenco

On raconte que dans la soirée du 27 janvier 1967, à San Remo, depuis les hauteurs du parvis de la chiesa parrocchiale San Pietro Apostolo construite sur la colline jusque dans la ville basse aux portes du casino, là où les hommes parient pour oublier la mort, on sentit trembler un à un — on aurait presque pu dire grincer, un peu à la manière d'un ressort mal remonté — les marteaux des douze cloches de la co-cathédrale de San Siro.

Jean-Claude, garçon de café

Il mettait des heures à servir ici une bière, là un jus de fruits. Sa lenteur était légendaire et admise par les clients. Sa lenteur ou plutôt une sorte d'oubli de ce que nous appelons communément le Temps. On lui prêtait de subtiles cogitations. Peut-être était-il sur le point de découvrir de nouvelles théories des nombres ou encore d'inventer d'audacieuses formes poétiques.

Il fallait parfois attendre toute une matinée pour obtenir une simple tasse de café. Mais, malgré tout, on laissait toujours quelques pièces à ce Charon sans barque, ce géant de l'intemporel que son gilet parfaitement ajusté semblait, tel un blason de fortune, préserver des affres de la finitude.

Un plagiaire

Souvent il s'adonnait à la chasse aux papillons, toujours dans le jardin des autres.

Au IIIᵉ siècle avant J.-C., Aristarque de Samos, élève de Straton de Lampsaque, déclarait que la Terre tourne sur elle-même et se déplace sur un cercle centré sur le soleil. A-t-on jamais vu pareille extravagance ?

Un jour du printemps 1841, Gérard de Nerval promène, tenu en laisse, un homard dans les allées très fréquentées des jardins du Palais-Royal.

Parfois de grands fulgurants mordent, au vu de tous, dans la laisse ténébreuse du temps.

Deux partenaires

J.-S. Bach déjeune de temps en temps avec Dieu. C'est l'occasion de lui donner des nouvelles de ses enfants et de négocier ses appointements. Dieu n'est pas radin. Il sait que l'exécution d'un choral ou d'une fugue sert davantage ses affaires que le plus subtil raisonnement théologique.

Aussi quand, d'un geste, Karl Richter lance les premiers accords de la *Passion selon saint Matthieu*, il s'empresse d'occuper tous les pupitres.

Un amour de Nuno de Almeida

On n'a pas beaucoup de renseignements sur la vie sentimentale de Nuno de Almeida. Homme discret, voire secret, il ne reste que très peu de photographies et à peine quelques lettres de ses nombreuses maîtresses. Pourtant, sa relation passionnée avec Maria Dolores de Jesu, qui fut également, comme chacun sait, aimée par Paul Valéry, est restée célèbre. Ce fut certainement le grand amour de sa vie.

La correspondance échangée avec celle que tout le monde appelait la belle de Beja témoigne d'un amour aussi charnel que spirituel. Lorsque Maria Dolores partit rejoindre Valéry à Sète, à l'été 1933, fou de rage, Nuno écrivit un pamphlet cinglant et désespéré contre l'auteur du *Cimetière marin*, qu'il qualifia de «fils indigne de Mallarmé».

Valéry au bain

Il avait encore noté dans son cahier deux ou trois bribes issues de beaux raisonnements, apophtegmes et enthymèmes. Après avoir déduit quelques règles du fonctionnement de son esprit, il se dit que la journée avait bien commencé. Il descendit vers la plage, la mer était calme. Il se dit : « Zénon peut encore aiguiser ses flèches, c'est toujours son archer qu'elles atteindront. » Et il se baissa pour ramasser un petit crabe.

Caravage

À Rome, il aimait traîner dans les bouges et les tavernes des quartiers malfamés. Il avait, dit-on, le couteau facile. Néanmoins, c'est dans le plein exercice de son art, la peinture, qu'il excella en tant qu'assassin.

Diego Maradona

Qui tenait ta main quand tu polissais des ballons d'or au fond de l'atelier édifié par les dieux ?

Nietzsche à Turin

Le Crucifié qui danse sur le mur de ta chambre, tu crois, dis, tu crois qu'il vaut mieux que le père Socrate et son vieux coq ?

Le cheval injustement fouetté par le cocher et que tu appelas « mon frère » en pleurant et dont tu caressas l'encolure, en lui était la bonté, tu le sais, la bonté véritable.

Eupalinos de Mégare affirmait que le Royaume des ombres manquait sérieusement de canalisations.

Diogène de Sinope

Il se promenait, de jour, sur l'Agora, en pointant sa lampe torche dans le regard des badauds indolents tel un chirurgien qui fouaille la gorge d'un cancéreux et disait: «Je cherche un homme et ne trouve que des fantômes. Les chiens, eux, au moins, ont un regard expressif. Rendez-moi mon soleil.»

Il pissait haut et fort dans le ciel cuivré d'Athènes et jurait pour disperser les ombres.

Un extravagant

Il pouvait réciter des centaines de pages tirées des Prophètes, d'Aristote et de saint Augustin. Il avait toute sa vie prôné l'austérité et redouté l'enfer. Au monastère, chacun pouvait en témoigner. Jamais on n'avait pu déceler sur ses lèvres l'esquisse de ce qu'on aurait pu appeler un sourire. La chair lui faisait horreur ainsi que le jeu et la gloutonnerie. On ne sait pourquoi, un jour, il écrivit une pensée qu'on supposa saugrenue puis fut pris d'un énorme fou rire qui le fit se contorsionner comme s'il eût été saisi entre extase et douleur.

On retrouva son corps, inerte, au fond du scriptorium. Les frères se rendirent à la place que celui-ci occupait régulièrement et eurent du mal à déchiffrer une phrase obscure en latin, dont nous risquons la traduction suivante : « Et si Dieu avait jamais su jouer aux dés ? »

Balzac

Il écrivit plus d'une centaine de romans et but des milliers de tasses de café, alliance héroïque de la plume et de la cafetière.

André Malraux

Un musée imaginaire

Ce matin-là, à Verrières-le-Buisson, il était resté marcher plusieurs heures dans le parc. En rentrant, il commença à déployer au sol de grandes reproductions photographiques d'œuvres d'art. Il se dit: « Et si le pinceau qui dépose quelques gouttes de bleu et de jaune sur le vert des frondaisons pouvait seul nous apaiser devant l'idée de la mort? » Et il pensa alors à des champs d'oliviers toscans dans l'air du soir.

Il fuma quelques Camel et resta longtemps à observer le sourire ineffable de l'ange de la cathédrale de Reims. Il toussa plusieurs fois, se racla la gorge et se servit un whisky.

Il pouvait commencer à travailler.

Un bibliothécaire

Il aimait les livres sans en avoir véritablement jamais lu aucun. Ce qu'il aimait c'était toucher les vélins et sentir le cuir des reliures. Il savait goûter l'élégance d'une lettrine ainsi que la sobriété d'un caractère de plomb et nourrissait une grande passion pour les ex-libris.

Il passait ses nuits à réciter les combinaisons de chiffres et de lettres de la classification universelle de Dewey, qui lui semblait le plus beau des poèmes.

Incapable de conseiller les lecteurs, il s'était tout naturellement spécialisé dans les travaux de classement. Il aimait ranger, trier, archiver. Ce que nous appelons communément *littérature* était pour lui l'occasion de prendre de la hauteur car il affectionnait les rayonnages les plus élevés, trouvant ainsi l'occasion de passer la moitié de ses jours sur un escabeau tel un stylite appliqué.

Lorsqu'il prit sa retraite ses collègues facétieux et érudits lui offrirent une édition du *Contre un bibliomane inculte* de Lucien de Samosate. Il ne s'en offusqua guère, les remercia avec componction, et sans prendre le temps de l'ouvrir — il s'agissait d'une édition contemporaine — s'empressa de lui trouver une place dans sa propre bibliothèque.

Bacon en son atelier

Pour Martial Hamon

C'est dans l'atelier de Francis Bacon que, plus de trois siècles après la réalisation de son portrait par Vélasquez, Innocent X prit enfin la liberté de pousser son cri. Nietzsche est sûrement passé par là.

Francis Bacon se déclarait volontiers autodidacte. Peut-être pour suggérer qu'il n'avait pas suivi de cours de théologie.

Il célébrait les mystères de la viande.

Il confia un jour que, n'ayant jamais pu représenter le sourire, il se mit à peindre le cri. Ce qui fit de cet artiste un des plus grands tragiques *par défaut.*

NOTE

Des textes de ce recueil sont parus sous une forme légèrement différente dans *La Nouvelle Revue française* en avril 2006.
Remerciements à Luc Gervais et à Jérôme Gilles Bouillard pour leur relecture.

II

DU MÊME AUTEUR

Aux Éditions Gallimard

VIES SILENCIEUSES, 2019.

TOMBEAU DE JORGE LUIS BORGES suivi de AUTRES STÈLES, 2021.

UN PEIGNE POUR REMBRANDT ET AUTRES FABLES POUR L'ŒIL, 2022.

Chez d'autres éditeurs

L'APPROCHE DE DELFT, De la peinture hollandaise & de Marcel Proust, Éditions Isolato, 2011.

BAUGIN, LE DESSERT DE GAUFRETTES, Éditions Invenit, 2022.

PETITS PANS DE PROUST, Éditions des instants, 2022.

LE PERROQUET DE BLAISE PASCAL, Éditions des instants, 2024.

Composition : Entrelignes (64)
Achevé d'imprimer
par Dupliprint, à Domont (95),
en septembre 2024.
Dépôt légal : septembre 2024.
Numéro d'imprimeur : 2024070292

ISBN 978-2-07-304296-5/ Imprimé en France.

617440